Christoph Meckel

SÄURE

Christoph Meckel

SÄURE

Gedichte

Mit einer Grafik des Autors

claassen

Lektorat: Christoph Buchwald

1. bis 4. Tausend Februar 1979
5. bis 6. Tausend August 1979

Gesetzt aus der Garamond der Linotype GmbH
Setzerei: Typoteam, Düsseldorf
Papier: Papierfabrik Schleipen GmbH, Bad Dürkheim
Druck und Bindearbeiten: Bercker, Kevelaer
Printed in Germany
ISBN: 3 546 46416 8

»Niemand konnte hier von einem
Himmel auf Erden reden«

(Graham Greene)

Circe! Circe! lächelnd
mit nackten Brüsten
lag sie und rauchte, als ich
vom Meer erzählte.

Und ich warte immer noch, daß du von der Küste
raufkommst in diesem
alten Omnibus, der einmal am Tag hier hält
und lauter Leute abläd, die kein Mensch erwartet.
Deine Koffer sind angekommen, die Shawls, die Schuhe
und die bunten Gläser, die wir am Rialto klauten
das Bett ist schon hier, dein Bademantel, und erst der Tod
nur du selber fehlst noch, dein Atem, dein Lachen für zwei

Und die Nacht, in der die Maschinengewehre uns weckten
und die Nacht
als die Maultiere in den Fluß gestoßen wurden
und die Nacht
als der Zimmerkellner sagte:
es sind keine Menschen, Madame.
Und die Nacht, die schlaflose Nacht –
was sind zwei Nächte
in einem langen, todbringenden Leben, Madame!

Ihre Telefonnummer. Als ich sie schließlich
verloren hatte, dachte ich: das bist du los:
rumstehn in einer Telefonzelle im Winter, endlich
hast du das wieder: Zeit
und Winterzeit in rauhen Mengen
Ruhe in einer dunklen Bar mit einem Sherry
und Iris entfernt sich auf dem Regenbogen.
Na schön; in der Jackentasche find ich sie wieder
zwei Wochen später, und alles beginnt von vorn:
das Ja, das Nein, das Vielleicht
die gurrende Hölle.

Später, nach langem Fahren, blieb uns
noch etwas Zeit, und wir saßen rauchend
im Wagen, im Regen, nachts
an der Straße nach Mailand
während die Lastwagen neben uns rauschten.
Ich wollte
die Hand nicht mehr von ihren Brüsten nehmen
aber der Tag, die verschiedene Richtung
unserer Jagden – unwiderruflich.

Was für ein Leben auf solchen Inseln, geräuschlos
daß man unwillkürlich den Atem anhält.
Und die Schreie der Kinder, als der Fußball in die Lagune fiel
und der Wind in den Fliegengittern, der Schwan im Schilf
die Ankunft des Brotschiffs, und daß wir nie passendes
Kleingeld hatten für die Fähre –
denkst du daran? Ich denke daran
daß wir nutzlose Dinge liebten, wo immer wir waren.

Alles wie immer: das Frühstück, der Blick in die Bäume
der Terminkalender, der Wintertag, die Gespräche
aber dein Lachen hell, deine Stimme sorglos wie selten
so daß ich fürchte: das könnte schnell vorbei sein
grundlos, nicht abwendbar
mit einem Blick in die Zeitung
der Erwähnung eines Namens
dem plötzlichen Anblick der Zukunft

Zwei Tage und Nächte, Willkommen und Abschied
es ist nicht die Liebe.
Es ist das Hotel an der Piste nach Babylon-City
der Blick durch das Fliegengitter auf Fluß und Steakhouse
der Sommer, der Regen, die Nacht und das Erwachen
zu zweit in der Nacht, im Sommer, allein im Regen
es ist das Umarmen im Licht, ein Lachen, Erlöschen
im offenen Sarg aus Süßholz und einmal für immer
der Handschuh, der Shawl, die Wimper, das Nagelscherchen

» – du der Einzige, mein persönlicher Fels!«
Und es schmerzte mich zu sagen: das ist zu wenig
damit kommst du nicht aus, ein Leben genügt nicht
in dieser Versenkung, ein einziger Mensch
so bodenlos, verletzbar und unbeständig.
Der D-Zug raste am Bahnsteig vorbei
und wir hielten uns fest in diesem Getöse.
Unsere Stimmen, so oder so verstummt.

Erkennst du mich noch? Die Frage ist alt.
Sag mir, ob dich mein Bart stört.
An dir stört mich nichts.
Ich erkenne dich hinter jeder Erscheinung, in diesem
eingemotteten Mantel von anno Sesimbra.
Und ich weiß: du bist schöner geworden, seit ich
auf dich warte in diesem verfuckten Hotel
und kein Mensch weiß, wo du bist
und kein einziger Mensch hier
weiß was los ist seit anno Sesimbra.

Lang schon bist du lebend nicht mehr da
und ich weiß nichts
anzufangen mit deinen Eulenaugen
nächtliche, fern und phosphorn, Auskunft verweigernd
unbeweglich selbst in der Umarmung
so daß ich (der alles versuchte) dir gegenüber
da bin, ohne zu wissen, wie man das macht:
dich heimzuholen in das Licht und den Sommer.

Zu spät, zu spät. An allen Orten, die du
mit ihr besucht hast, war sie mit einem andern.
Den Parthenon sah sie mit Mister Hopkins, die Küste
von Californien mit einem gewissen Tonio.
Was sieht sie mit dir? Wer nach dir wird fragen, mit wem sie
die Inseln sah, das Meer und die Buchten von Maari.
Du bist zu spät gekommen. Nach dir wird ein andrer
an ihren Augen verzweifeln, aber du
führst sie ins Königreich Shin und zeigst ihr nichts Neues.

Alles vergeht, heißt ein altes Chanson,
und nichts läßt sich halten.
Die Blumen haltbar aus Stroh
und das Blech auf den Autofriedhöfen.
Das Parfüm, die Bücher und sowieso das Fleisch.
Es vergeht auch der Wein und das Wasser, und falls das Wasser
nicht vergeht, vergeht der Durst auf das Wasser.
Vergeht, vergeht, und ich sehe, daß auch sie schon
unruhig wird, zuviel raucht oder lacht, immer häufiger
anruft, nachts, ohne Grund, und ich soll ihr was sagen.

Schon bevor sie sich trennten kannte sie ihre
zukünftigen Liebhaber
vielleicht schon bevor er sie
erstmals in einer Septembernacht undsoweiter.
Das gab ihr die schöne Sicherheit (facilité)
Verlustgeschäfte auf leichter Schulter. Oft
hörte er sie morgens am Telefon, ihr Lachen
im Nebenzimmer; und Briefe in fremder Schrift
auf dem gemeinsamen Tisch, und ihr Gesicht –
undurchdringliche Ruhe, Heiterkeit.
Jetzt ist die Geschichte vorbei und er hat
außer der Episode (Vergötterung
von Augen und Schenkeln, erbarmungslosem
Zauber)
nichts, keine Antwort.

Ich vergesse ihre Geheimnisse. Die Zeit
vergeht fast ohne Schmerz.
Aber heut wußte ich wieder, daß sie den Herbst
in einem Hotel in London verbringt, mit ihrem letzten
oder vorletzten Liebhaber. Und ich dachte
an die schmutzige Wäsche meiner Freundin,
Grund genug
für Diskretion und Melancholie.
Ihre Affairen sind kein Geheimnis, aber ich kann ihr
auf einer Postkarte Gute Nacht wünschen, und sie
weiß was los ist in unserer Lebenszeit.

Sie gibt es nicht zu, ma belle dame sans mercy
sie gibt es nicht zu
den Verführer im Hintergrund, das Hotel, den Ort
Traum, Täuschung und Namen unter der Schädeldecke.
Sie lacht, sie schenkt mir Rasierzeug, Tabak und Wein
sie küßt mich erbarmungslos und umarmt mich sehr
und immernoch glaubt sie, damit durchzukommen.

Wir helfen uns noch, du und ich
wir helfen der Hoffnung
über uns wegzukommen ins Glück der andern und weiter
aus der Nacht in den Morgen, in schönes Gebiet
in den brennenden Regen
go west, go down, vor die Hunde, im freien Fall
nach Punt, Atlantis, Paphnuz, nach Arkadien und Shin
in den raumlosen Umkreis des Lichts und andere Arme.

Merci pour les fleurs, mon amour.
Seit wann schenkt sie Blumen?
Seit sie schlaflos wach liegt (nicht wegen ihm)
seit sie wegträumt
in andere Arme und wünscht, daß im nächtlichen Haus hier
alles beim alten bleibt, aber im Hintergrund
ihre Geschäfte gut gehn, mit wem auch immer?
Schleierkraut, Schleierkraut –
und sie wünscht, daß er nett ist
ein ahnungsloser Kater, der für sie schnurrt
und womöglich amüsant ist, wenn sie verzweifelt.

Verse die einschlagen! forderte der nette
Redakteur, als er mittags an seinem Schreibtisch
Sekt für Poeten spendierte – und ich
hörte mal wieder die Explosion einer Bombe.
Verse die einschlagen. Und der Bussard
runtergeschossen aus großer Höhe
schlug auf das Brachland,
blieb auf den Steinen liegen.
(Der Sturz und die Stille danach.
Ich hörte kein Wort mehr)

Hab ich bloß Umgang mit bezahlten Leuten?
Auch Julia spricht neuerdings von den sichren Finanzen
und H. der den Einsatz kennt, verkauft seine Prosa
                    an irgendein dunkles Magazin für die Dame.
Wir trinken noch zusammen, aber ich bin
der Idiot in der Wolke mit meinen geflügelten Sätzen
und Julia, selbst Julia, hat keine Zeit mehr fürs Feuer.

Schmetterlinge in den Marmorbrüchen
und die Schreie der Esel.
Inseln, Inseln, dort sind wir nur einmal
und können gehn.
Schön ist der Wind, und herrlich
die Erinnerung an ihn in den Kinnbacken Babylons.
Das Licht verdirbt unsre Nacht
der Wind unsern Aufruhr.

Hier an der schiefen hölzernen Veranda ohne Laub und Segel
bewegt sich das Hafergras hell wie ihr Haar
in der Nacht, wenn sie wachliegt
unter den Küssen, den Küssen, und der Wind
rennt in die Buchten aus Afrikas Wärme
und das Hafergras zischt und das Haar und das Gras, das Gras
und die Haare, die Haare

Casa Bernini, unser altes Hotel. Und du gingst
durch die wehende Blüte als wärst du die Braut,
Magnolien und Schnee
im Licht des Morgens – ich blieb hinter dir zurück
in dem flimmernden Garten, erledigt
von soviel Schönheit
deren unfaßbarster Teil du warst (sie
schmerzte dich nicht)

Zeit der Illusion, unschlagbar und sorglos, als wir
die Erinnerung des Mondes erzählten
                                        und die Wolke beim Namen riefen
ohne Führerschein nachts an der Küste
                                                                auf leeren Straßen
ziellos, im Rausch, im Halbschlaf – was ist mit dir los
daß die Spiele dir gleichgültig sind
                                                        und der Rumba Rumba
die Tanzböden in der Nacht zu laut zu leuchtend

Das war eine Zeit, als wir Babylon unsicher machten!
Aber still geworden, das Gesicht
naß von Schweiß an einer schönen Schulter.
Die leere Flasche rollt unter das Bett
das Trinkgeld ist übertrieben, und der Portier
hilft ihm neben die Dame in den Wagen.
Und er wirft seinen Hut auf die Fahrbahn
und fährt drüber weg
und lacht, alleine.

Im Vorgarten Eden blühn wieder die Malven.
Mach dir nichts draus
das gehört zu den schönen Sachen.
Aber die Nacht und unsre Gesichter im Dunkeln
zusammenstoßend in einem Kuß!

Geerntet der Kirschbaum, der Juni zu Ende, aber
im Traum trug ich Kirschen zurück in die Bäume
hängte sie zwischen die Blätter und rief:
Die Kirschenzeit ist gekommen
bring Körbe und Leitern
und flieg in den Kirschbaum zu mir
wir träumen nicht lange!

Woher nehm ich Worte für dich und den Sommer, Worte
für den plötzlichen Hagel am Mittag
der die Obstbäume drosch auf dem Hügel
atemlose Worte für den Tisch, der noch eben
heiß in der Sonne stand
und wir rannten ins Haus, der Hagel füllte die Teller
Suppenteller voll Hagel und ein durchnäßter Seidenshawl!

Arkadien, falls es das gibt.
Mir genügt es, daß ich nicht dort war.
Wenn du willst fahrn wir hin
wir verziehn uns in ein Hotel
wo man Weißwein bekommt, Kaffee und ein Bett für zwei
mit dem Blick, den du liebst:
in die offene Bläue am Morgen.
Arkadien oder Paris, deine Augen sind grau
und zwischen den Küssen bleibt Zeit
sich an nichts zu erinnern.

Ich brauche dich nicht. Du könntest kommen und gehn.
Du könntest bleiben, in meiner Wohnung, nachts.
Dein Körper ist denkbar ohne Verlangen
und ich verdanke ihm, dich nicht zu lieben.
Mein Glück, nicht zu lieben, wird vollkommen
durch dich.
Dein Gehn, dein Kommen
wäre weder Ende noch Anfang von etwas.
Es wäre, schmerzlos, ein Kommen und wäre ein Gehn.
Aber ich glaube fast: unser Glück wäre größer
wenn wir zweifeln könnten an dem, was ich sage.

Ende des Sommers, und Julia ist heute morgen
abgereist mit einem gewissen Hopkins.
Wenn sie wieder hier auftaucht, abgebrannt
und bereit zu weinen, hat sie den dunklen
süßen, feuchten, duftenden Mund verloren
und gehört nicht mehr zu den schönen Sachen.
Das Ende, wie immer, macht irgend ein Mister Hopkins.

Du gibst keine Antwort, und ich frage nichts.
Im Fensterglas verdampft eine Tasse Tee.
Das Schweigen ist eine schlechte Gewohnheit
und schützt die Geheimnisse nicht.
Du bist dein eigener Chef
der Sprecher deines Vermögens und Unvermögens
du bist dein eigner Verbraucher, dein Gott und dein Grab
du bist dein erster und letzter Rat
und ich umarme dich, während du rauchst und schweigst.

Als wir morgens im Halbschlaf am Gebirge entlangfuhren
vorbei am Müllplatz, wo wir den Abfall
unsere Büchsen und Flaschen abgeladen hatten
(die Saison zu Ende, die Bungalows leer
und die Ratten wurden wieder dünn und bissig)
und wir dachten daran, wie wenig wir uns geliebt
und wieviel wir getrunken hatten in diesem Sommer
und wohin wir kommen mit unserm Verlustgeschäft
wovon wir leben und wie das weitergeht.
(Sprachlos. Du und ich, und ein haltbarer Abgrund)

Und ich blieb allein mit der Erinnerung
an ein ausgetrocknetes Flußbett
und ein paar Autowracks zwischen den Steinen.
Das war in der Wüste, vielleicht Zacatecas
aber ich weiß nicht
ob Julia in Mexiko war und ob wir je
Halt machten an einem Flußbett, um es zu fotografieren.
Ihre Reisestiefel ohne Spuren von Sand.
Nichts, nur die Reisestiefel ohne Spuren von Sand.

»Nichts fehlte von dir und von mir, nichts fehlte
wenn wir auf dem Land waren.«
Morgen und Abend
Azur und Wind auf den Bergen
der Fluß und die Fichten
das Brot, der Wein, die Zeitung
der Tau und das Meerlicht
und daß wir abends hinter den Horizont
und weiter zu den Lavendelmühlen fuhren.
Es fehlte nichts und jetzt fehlt alles. Es fehlt.
Du fehlst. Ich fehle. Babylon. Abwesenheit.

Freude, ein Anfall von Glück betäubte sie
als seine Gestalt
nocheinmal sichtbar wurde am Ausgang der Bar.
Aber das Erinnern danach – für immer
weniger wert als ihr Gang, allein
durch das Zwielicht, den Regen.

Die Partys, die drinks die sie macht, und die Gespräche
gegen Morgen, wenn sie mit ihren Leuten
auf die Terrasse kommt ganz erledigt vom Tanzen
ihre Verehrer, schwärmend wie sie
für den Anblick des Flugzeugträgers
da draußen im Mondlicht
und die Dünung hinter der Sandbank, hell
von den Bäuchen der Fische, die in den Buchten starben

Du siehst deinem Paßbild nicht ähnlich?
Und ausgerechnet
zu mir nach Deutschland kommst du
damit so ein Esel am Zoll
dir sagt, daß du älter wirst! Wen hast du geliebt?
Wer hat dich zugrundegerichtet?
Was hat deine Augen
so naß und finster verwüstet
daß du selbst nachts noch
die Sonnenbrille trägst im verdunkelten Zimmer?

» – ihr habt einen Foxtrott
durch die Hotelhalle geschoben
gegen Morgen zu, die Mäntel im Arm
(borracho! borracho!)
und seid mit dem Lift in die Liebe gefahren«.
Ich erinnerte mich nicht. Aber schlafen zu zweit
und erwachen in einem Bett, das war gemeinsam
der Morgen zu spät für ein Frühstück
die Kleider am Boden
das Fenster geöffnet, ein Duft von Kälte – Schneelicht
auf dem unbekannten schönen Gesicht.

Wo werden wir sein im nächsten Sommer?
Eine Frage die auftaucht
immerwieder im Herbst, wenn wir im Wagen
nördliche Ebene durchfahren am Mittag, und jeder
denkt an ein Glück, allein, ohne etwas zu sagen.
September, Weite des Tags, die belaubten Mauern
Meerlicht und schnelle Winde und immernoch denkst du
die Küsse sind haltbar, und immernoch denkst du – was denkst du?
Nochmal davongekommen in diesem Sommer.

Dem einen der Tod, dem andern das Leben, für mich
eine Zigarette.
In der hohlen Hand will ich Asche sich häufen sehn
(wenn es hell wird in Babylon-City
und der Tag ohne dich
mit Wind und Blüte über die Brücken kommt)
will ich dem Loch in der Wand
dem Loch in der Wand hier
der von dir verlassnen Matratze anvertraun
was ich sagen wollte in das lebendige Ohr
schön, und für immer.

Stella liebt Jim und Tonio liebt Stella
und Jim wohnt bei Tonio.
Und was weiß ich, wen Julia jetzt liebt
und warum sie noch immer
zu mir kommt, nachts, in offenen Kleidern, nachdem sie
für immer sich trennte. Früher waren wir einzig
ein Schlaf, ein Sommer, ein Lachen im Wind –
jetzt sind wir ein ganzes Ensemble
jeder verschollen in der Nacht eines andern und nichts mehr
erinnert an die Gewißheit unserer Freude.

Über dich in Kälte ein Wort zu setzen
das dich auslöscht und deine Haut für immer
zu einem Stoff macht, den
kein Erinnern festhält!
Aber ich habe das Eis nicht, deine Gestalt
einzufrieren in meinem Gedächtnis.
(Eisblumenkleider klirren an deine Schenkel
an meine Ohren, doch deine Augen
dein Atem heiß, deine Brust, die Hände.)
Ich habe das Eis nicht, den Frost
und friere.

Und immernoch duftet dein Shawl nach Päonien,
obwohl
der Sommer vorbei ist, die Wohnung kalt
und was du hier riechst ist Seife, Benzin und Leder.
Geruch von Päonien, Päonien, was sind Päonien.
Bäume, Früchte, gibt es ein Land Päonien?
(das muß etwas Altes sein, nicht mein Fall
abhanden, und herrlich)

Worauf wartest du noch in deinem verriegelten
Bungalow gegenüber dem Himmel
wielang noch läuten die Fähren zum Meer
die Gläser, die Glocken
wielang noch hat dir die Sonne nichts zu sagen
als ihren Untergang, schmerzlos und pünktlich, wielang noch
hälst du das aus: zu fehlen im Licht der Erde!

Mal ist es das Ja, mal ist es das Nein
der Schlaf und der Regen
die Sonne, der Herbst, der Kuß auf die Brust
die Wut und das Weinen
Gier, Ohnmacht, Entsetzen, Betrug
Meer, Bitterkeit, Hoffnung und Sommer
das Licht und der Kirschbaum
das Lachen, der Wein und die Freude
Nacht, Rausch, Vergessen, Verzicht, Verlust und Verloren
und vielleicht am Ende, zuletzt, wenn geräuschlos und trocken
die Öffnungen des Fleisches sich schließen
ist es die Liebe gewesen, mein Engel.

Das kannst du später noch: Haare waschen, dich anziehn
Reiseschecks wechseln, New Hampshire anrufen und was du
sonst noch vorhast – deine Geschäfte
Verschwiegenheiten, das unerklärte Verschwinden –
Aber jetzt, dieser Augenblick fast ohne Verzehren, fast ohne
Hunger oder Erloschensein
das Dröhnen der Fähre
hörst du, draußen, die Ruhe des Wintertags.

Ich sage nicht:
Du wirst jetzt langsam alt. Du mußt
häufiger geliebt werden. Über Nacht
sammelt sich Säure in deinen Augen und ich
kenne dich weniger als zuvor.
Immernoch wartest du auf den runden Mond
doch reißt die Zeit dich weg und dein Gesicht
zeigt schöne Reste von Küssen
und alten Sommern.
An dich muß jetzt gedacht werden und vorallem
soll dir die Liebe nicht fehlen, nachts
wenn dich das Glück erinnert,
der schnelle Sommer.

Ich fand den Gürtel ihres roten
Bademantels unter der Treppe nachdem sie
lange schon abgereist war, und nachts. Ich hatte
keinen Tiefschlag mehr erwartet.
Anfangen zu leben mit nichts
und einem Gürtel.

Diesen einmal einen
zitternden Muskel
aus dem Fleisch gerissen
verpflanzt in den eigenen Schatten.
Dort bleibt er kalt
er verbrennt nicht
ernährt keinen Tod
wird von Persephone nicht gefressen
verblutet nicht länger

Jahre des Schlafs, der Unbrauchbarkeit
und des Vergessens.
Aber plötzlich: ihr Gesicht im himmeloffenen Morgen
die nackten Schultern, der Kaffeegeruch
und das Laub auf den Treppen
ein altes Feuerzeug im Regenstiefel
ein Lachen ohne Grund
die Rufe der Dohlen im Flußland
die Schreie der Dohlen und ein ganzes Leben.

Ich entdeckte euren Abtritt hinterm Holunder
und saß eine Weile dort, nicht weit von euch
und nah bei den Tannen
las eure alten Zeitungen und hörte die Stimmen
auf der anderen Seite des Hauses,
Julias Lachen, das Radio.
Während der Teezeit, manchmal,
im späten Sommer
geh ich für eine Weile weg und setz mich
auf euren Abtritt
und nichts fehlt mir von euch und von mir
in der unbesorgten Entfernung
zu euren Gesprächen.

Manchmal nachts, am Fenster, wenn das Gebirge
sich im Sturm verschob und die Pappeln dröhnten
sah ich ihn kommen, ungefähr, einzeln, und er
erkannte mein Haus und verschwand im Westen.
Aber einmal, wenn ich es nicht erwarte, wenn ich
verdammt nicht auf ihn warte, kommt er
in der normalen Nacht, mit Steinen,
schmeißt das Fenster ein und nichts mehr hilft mir
wenn er ruft: ich hab dich, Meckel!

(nach Robinson Jeffers)

Inhalt

Aras Ören bei claassen

Deutschland, ein türkisches Märchen

Gedichte. 120 Seiten, Broschur

Mehr noch als in seinen berühmt gewordenen Gedichtbänden »Was will Niyazi in der Naunynstraße«, »Der kurze Traum aus Kagithane« und »Privatexil« erzählt Aras Ören in diesem Band von sich selbst, von seinen täglichen Erlebnissen in Berlin und anderswo: in Istanbul, auf dem Teufelsberg, bei den türkischen Arbeitern in Kreuzberg und beim Festbinden der Schnurrbartenden am Rand eines Traumes. Seine Gedichte sind nicht im Elfenbeinturm entstanden, sondern auf der Bosporus-Brücke, die Eminönü mit dem Kurfürstendamm verbindet. Von großer poetischer Kraft und Eindringlichkeit, sind sie dabei leicht und einfach – auch von den Bewohnern der Naunynstraße werden sie gelesen.

»Die Gedichte von Aras Ören gehören zum Schönsten, was im deutschen Sprachraum in den letzten Jahren geschrieben wurde.«
Die Zeit

»Was bewegt, beim Lesen der Gedichte von Aras Ören, ist die Spannung, aus der sie leben, die Spannung desjenigen, der sich auf sich selbst eingelassen hat, ohne das eigene Ich in den Mittelpunkt zu stellen.«
Süddeutsche Zeitung

claassen verlag, Postfach 9229, 4000 Düsseldorf 1